Veux-tu être mon ami ?

par Éric Battut...

© Didier Jeunesse, 2013 pour la présente édition
© Didier Jeunesse, 2009 pour le texte et les illustrations
8, rue d'Assas, 75006 Paris – www.didierjeunesse.com
ISBN : 978-2-278-07073-2 – Dépôt légal : 7073/01
Loi n°49-956 du 16 juillet 1949 sur les publications
destinées à la jeunesse – Achevé d'imprimer en France
en juillet 2013 chez Clerc, imprimeur labellisé Imprim'Vert,
sur papier composé de fibres naturelles renouvelables, recyclables,
fabriquées à partir de bois issus de forêts gérées durablement.

PAPIER À BASE DE
FIBRES CERTIFIÉES

Didier Jeunesse s'engage pour
l'environnement en réduisant
l'empreinte carbone de ses livres.
Celle de cet exemplaire est de :
150 g éq. CO$_2$
Rendez-vous sur
www.didierjeunesse-durable.fr

Souris verte est triste.
Personne à qui parler. Personne à qui faire une bise !
– On ne veut pas être ton amie, lui disent les souris grises.

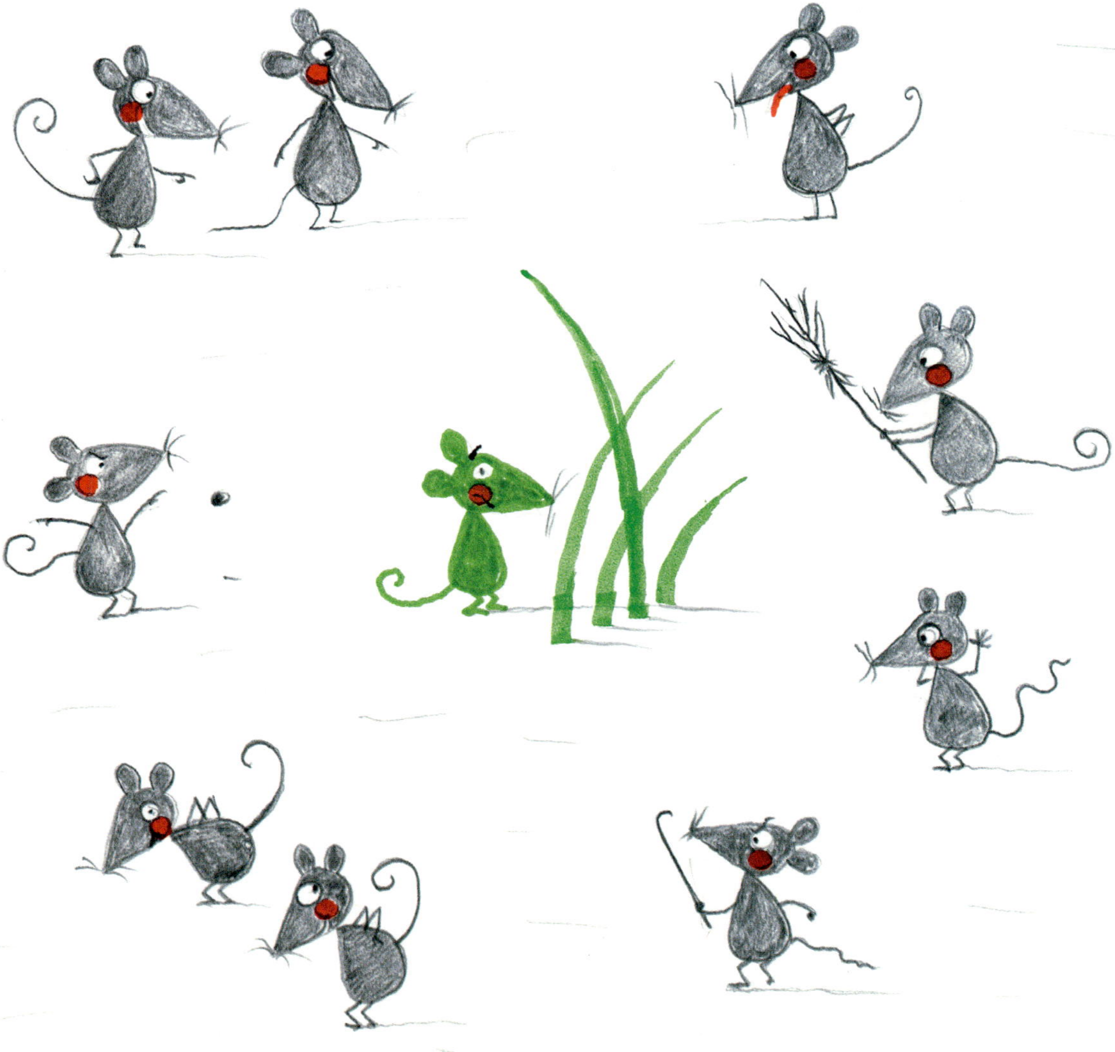

Alors un jour, Souris verte glisse dans son baluchon
un morceau de fromage, un cornichon et une rondelle de saucisson.

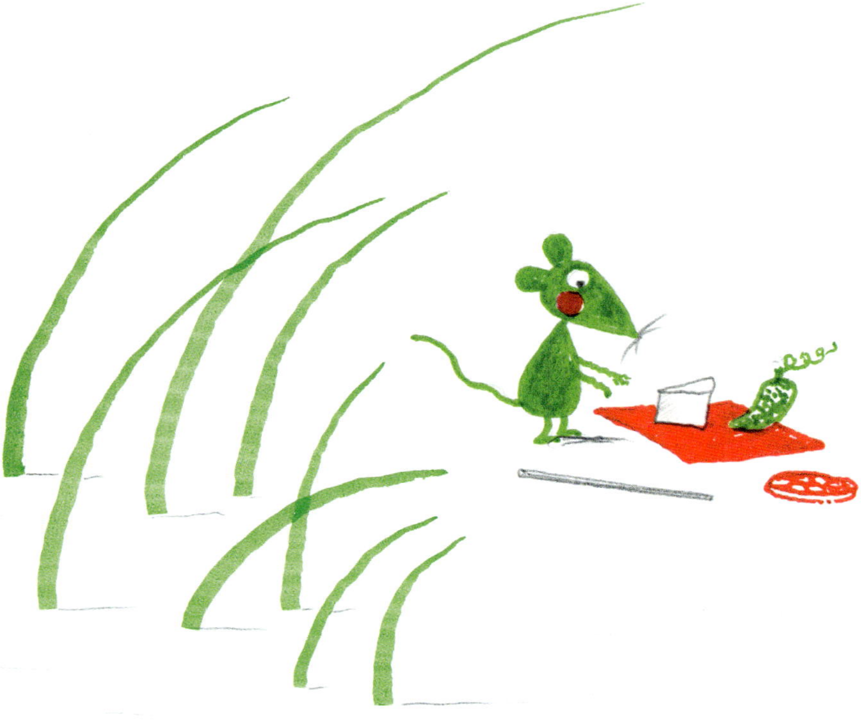

Et la voilà partie à la recherche d'un ami !

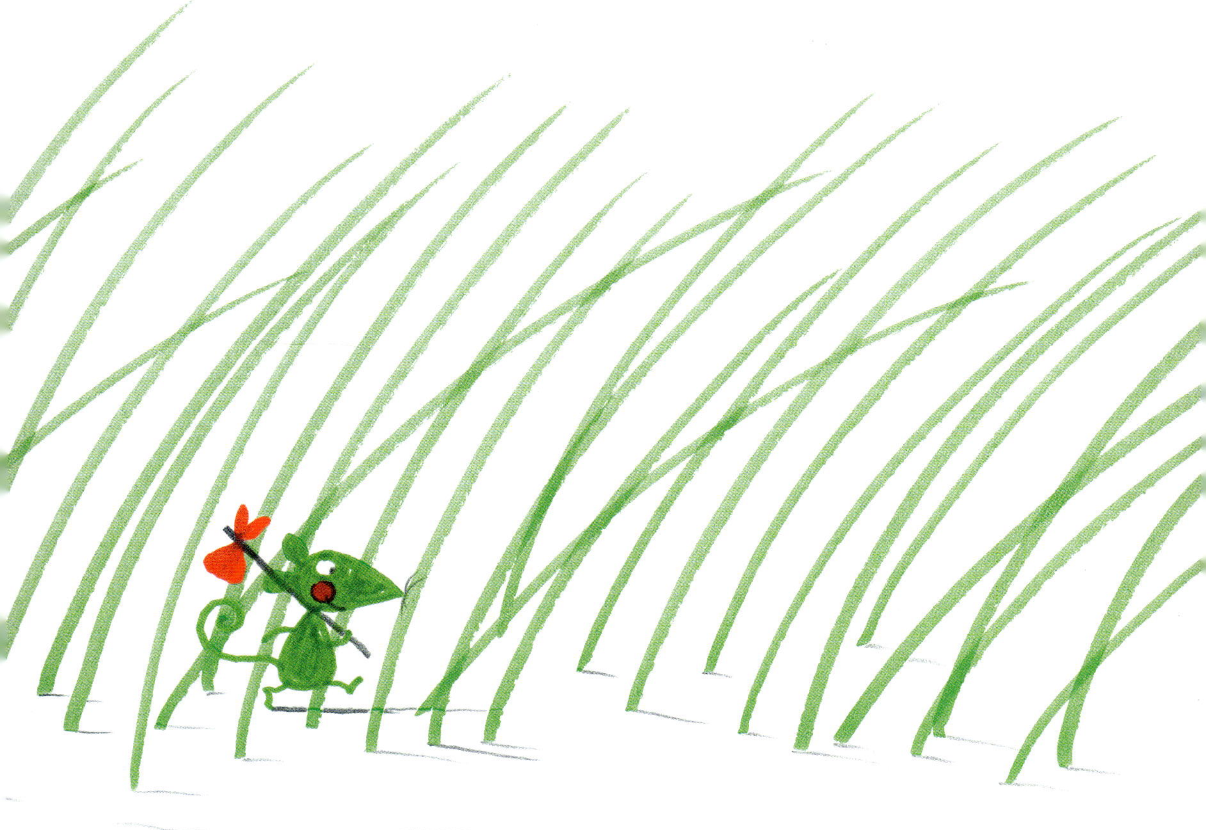

Souris verte rencontre une sauterelle.
– Tu es verte toi aussi, veux-tu être mon amie ?
– Non, je ne veux pas, dit la sauterelle qui bondit.

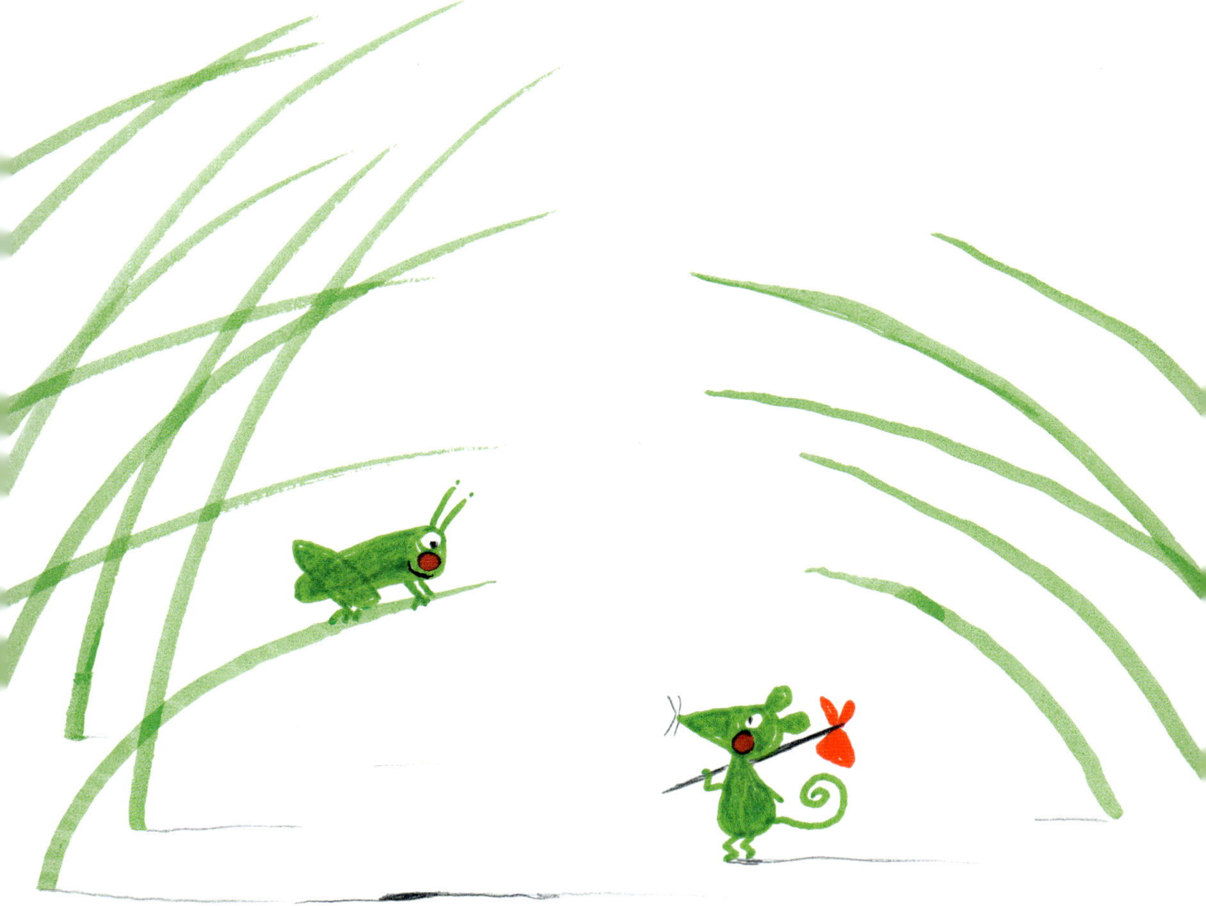

Souris verte rencontre une grenouille.
– Tu es verte toi aussi, veux-tu être mon amie ?
– Non, je ne veux pas, dit la grenouille
qui plonge dare-dare dans la mare.

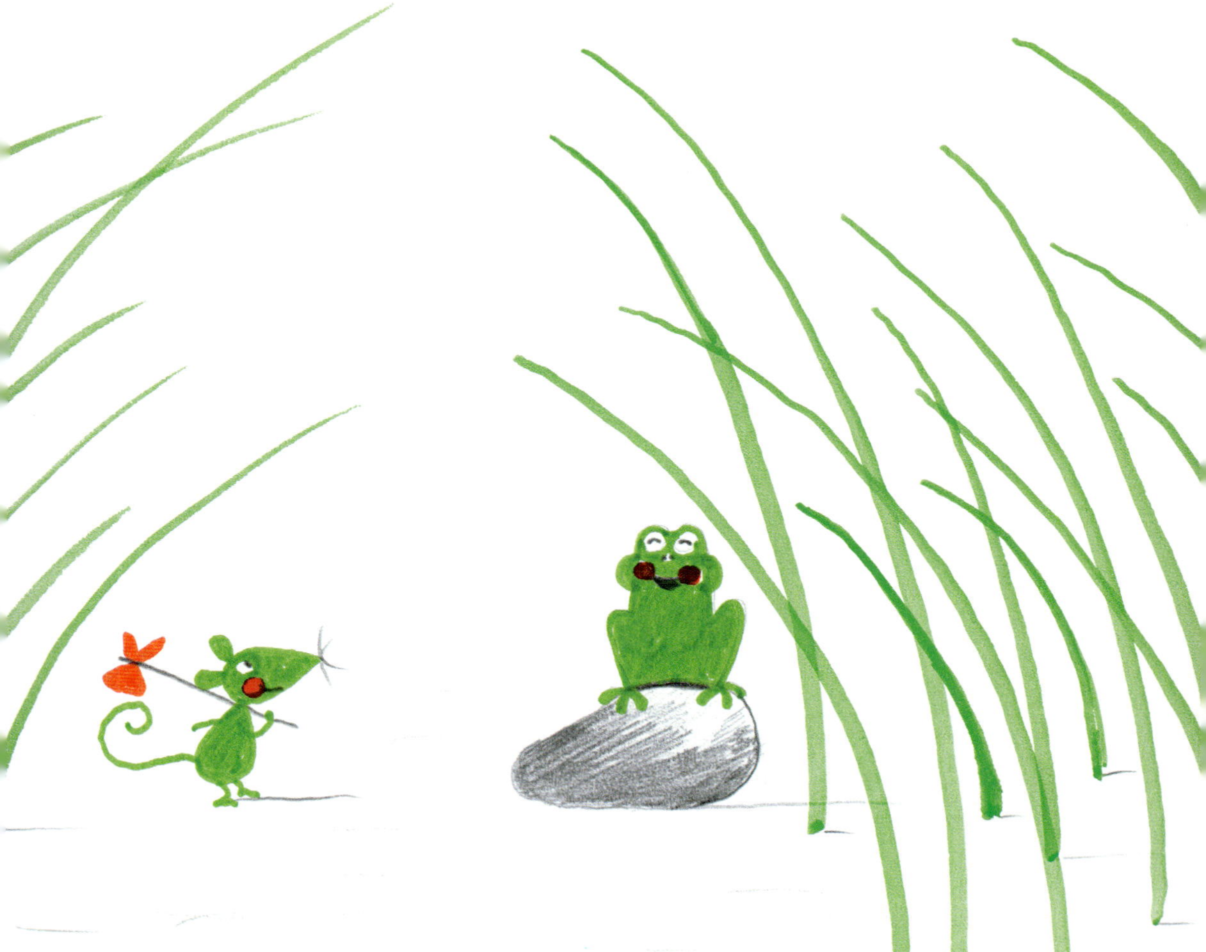

Souris verte rencontre un caméléon.
– Tu es vert toi aussi, veux-tu être mon ami ?
– Non, je ne veux pas, dit le caméléon qui disparaît d'un bond.

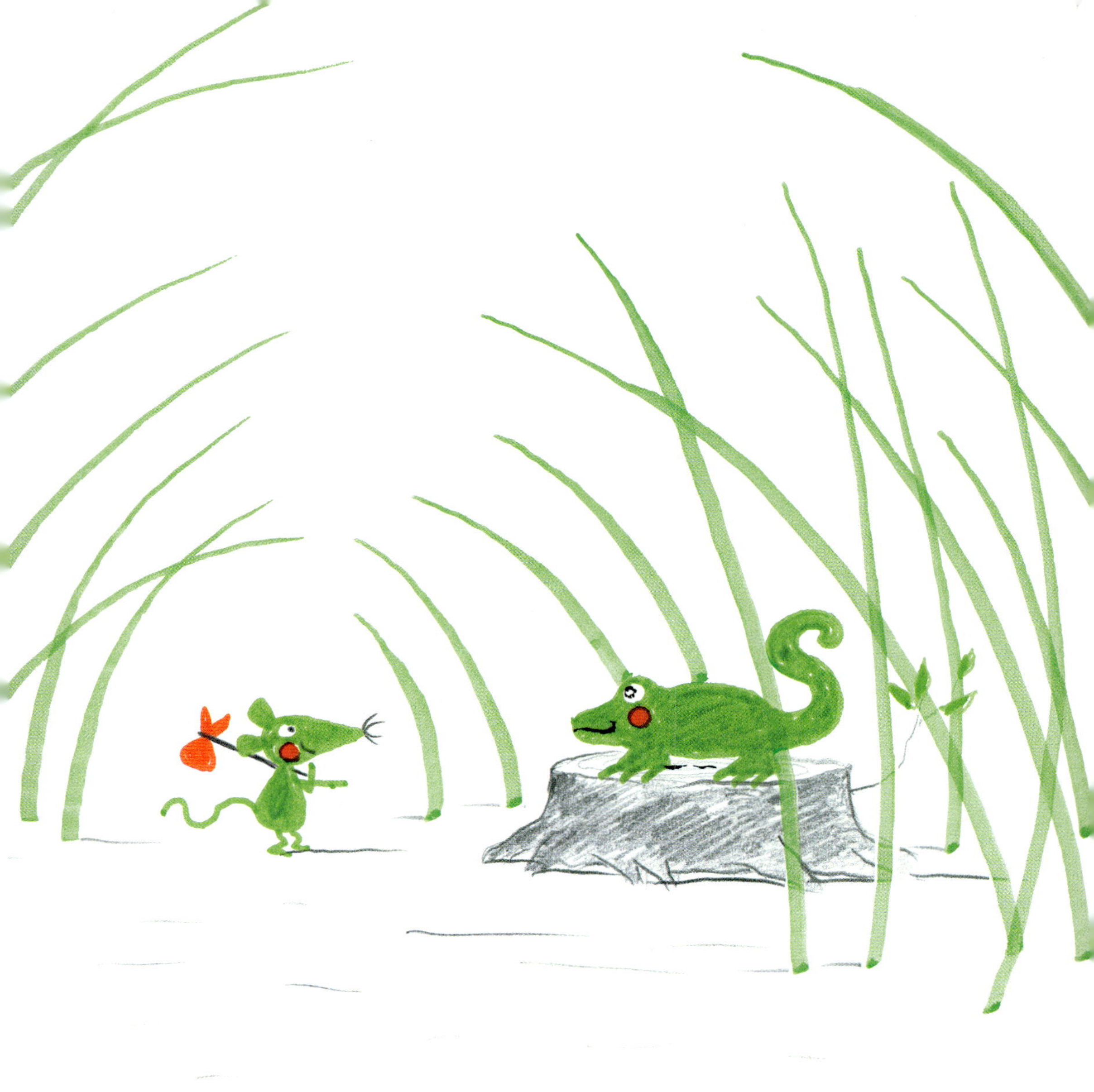

Souris verte en a assez. Elle s'arrête de marcher.
Oh ! La belle fleur !

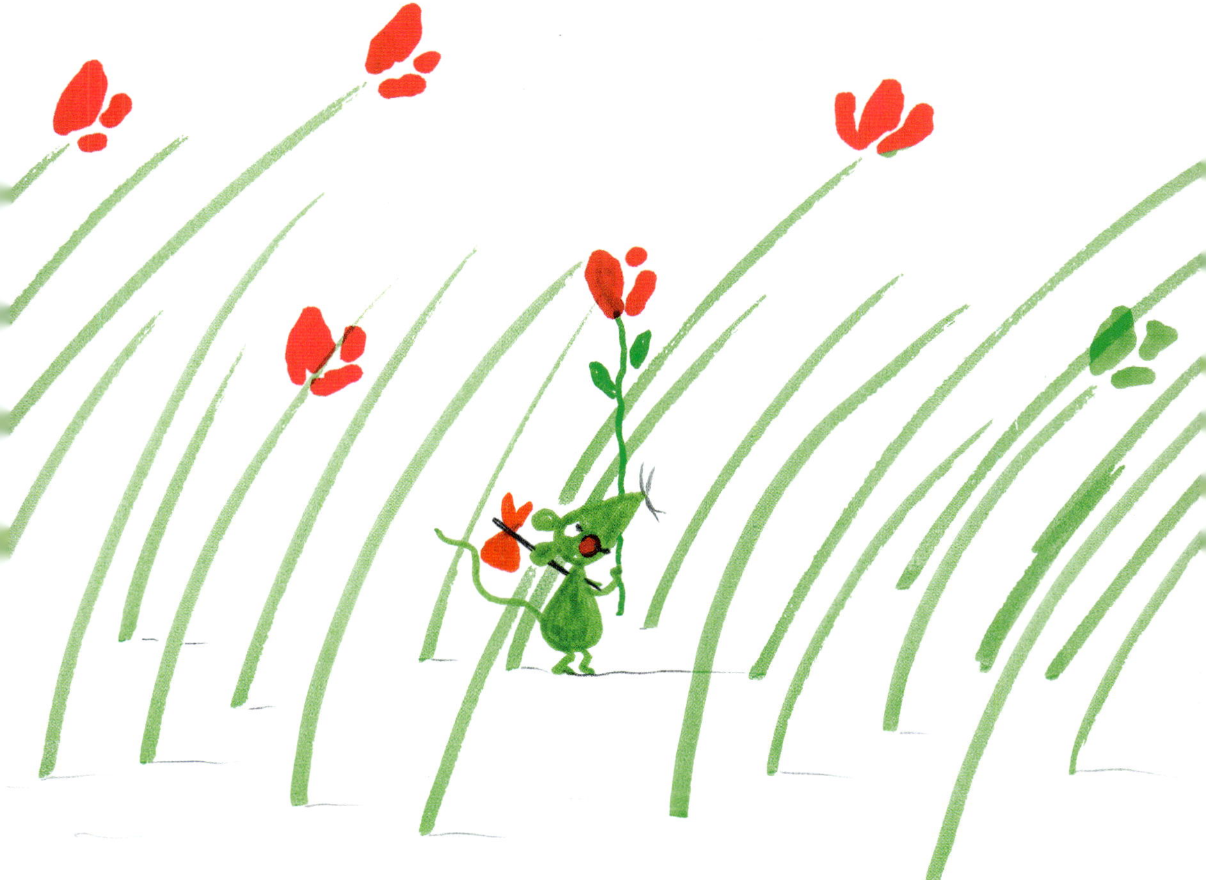

Mais voilà un éléphant !
– Tu es vert toi aussi, veux-tu être mon ami ?
– Oui, dit l'éléphant d'une toute petite voix.
Souris verte, ravie, lui offre sa fleur très jolie.

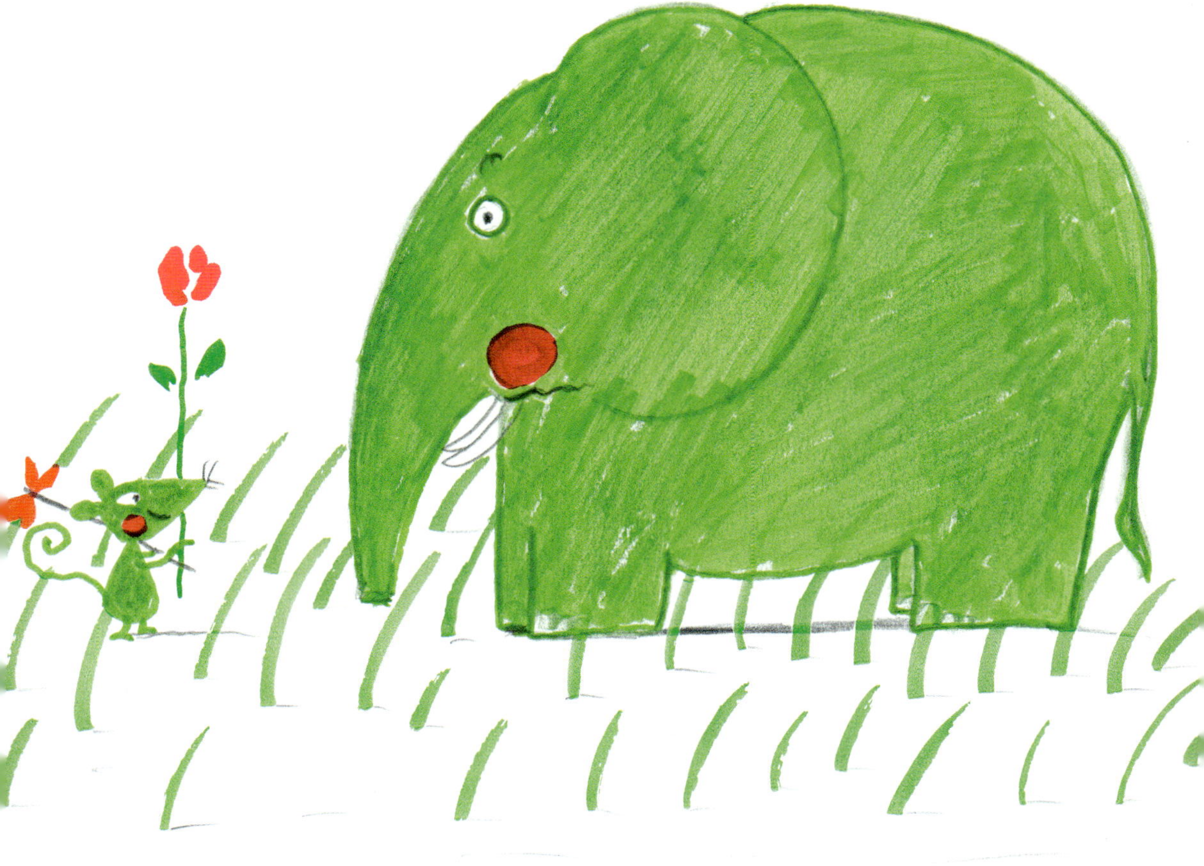

Puis ils restent assis un long moment, sans rien dire.
Comme des amis.

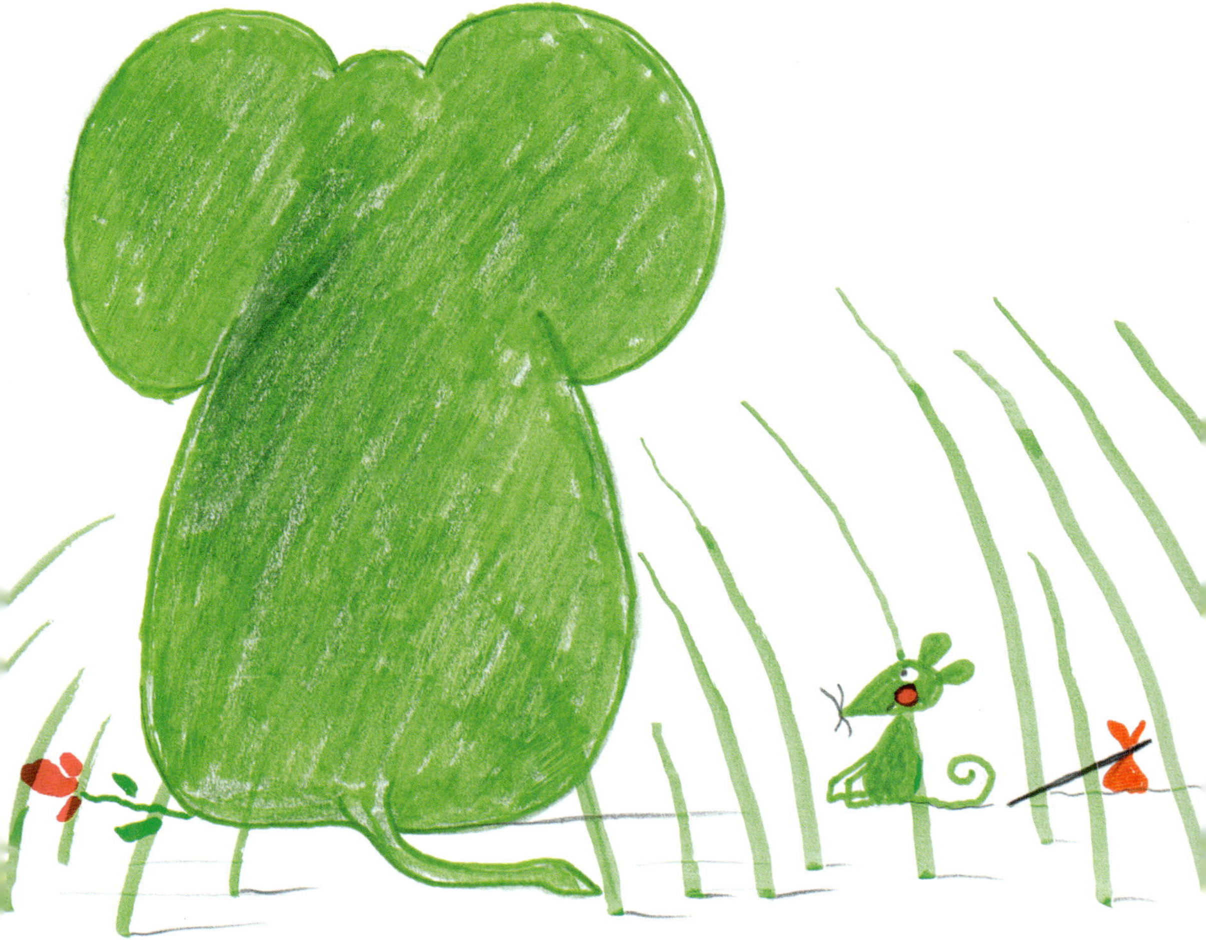

– Oh ! Mais tu es tout gris maintenant !
Tu n'es plus vert du tout, dit la souris.
– Euh… dit l'éléphant, tout à l'heure, j'étais vert de peur…
Parce que j'ai peur des souris…

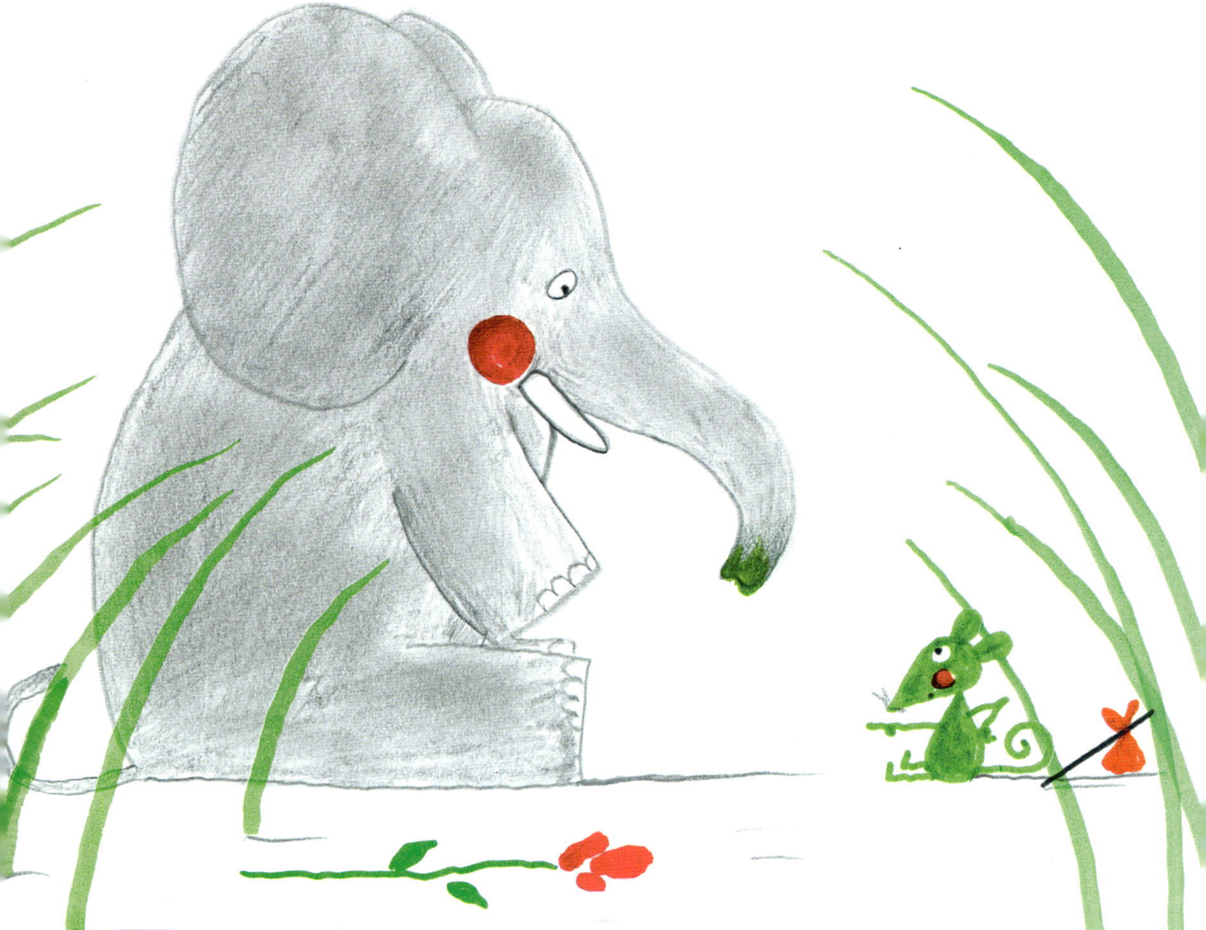

– Ah bon ? dit la souris.
– Oui, enfin… Maintenant, je n'ai plus peur.
Et toi, tu es mon amie !

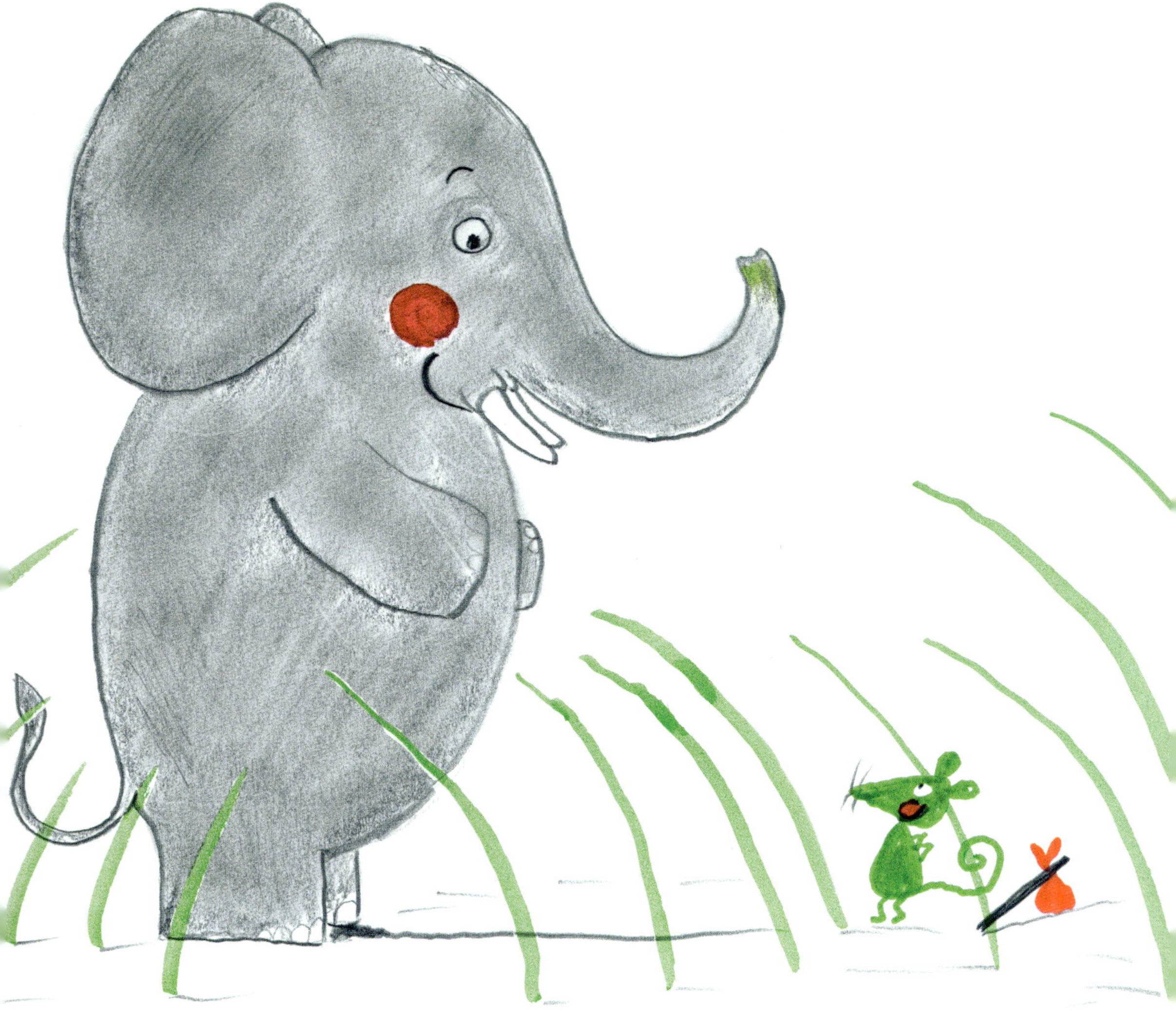

– *Que c'est bon d'avoir un* ami !